NIVEAU
1

Concert en Bretagne

Cécile Talguen

Édition : Rachel Barnes
Illustrations : Christian Arnould
Conception et mise en page : Christian Blangez

1. L'histoire.

Regarde et décris la couverture.

2. Trouve la bonne définition pour chaque mot.

a.	un revolver	●	● un visage
b.	des diamants	●	● un policier
c.	un portrait robot	●	● un lieu
d.	un commissariat	●	● une coupable
e.	un bijoutier	●	● des pistes
f.	un inspecteur	●	● des questions
g.	une bijouterie	●	● un objet
h.	une voleuse	●	● des bijoux
i.	un interrogatoire	●	● un magasin
j.	une enquête	●	● un vendeur

3. Raconte.

a. Dans cette histoire, on parle du festival des Vieilles Charrues. Dans ton pays, y a-t-il un festival de musique ?

b. Écoutes-tu de la musique ? Quel genre de musique aimes-tu ? Est-ce que tu achètes des disques ? Quel est ton groupe ou ton chanteur préféré ? Est-ce que tu joues d'un instrument ?

Présentation

Gwen :
elle a 14 ans ; elle
adore la photo.

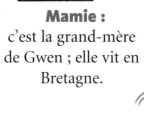

Mélanie :
c'est la nouvelle amie
de Gwen ; elle joue de
la guitare.

Mamie :
c'est la grand-mère
de Gwen ; elle vit en
Bretagne.

Chloë :
c'est la chanteuse
du groupe *Jazzy* ;
elle est très belle.

L'inspecteur Le Grand :
il travaille
au commissariat de
Carhaix ;
il est très sympathique.

Chapitre 1

Vive les vacances !

Gwen est fille unique et habite avec ses parents à Paris, en face de la Tour Eiffel. Elle a 14 ans et elle va au collège, comme tous les adolescents de son âge. Elle est passionnée de photo.

Nous sommes en juillet et les grandes vacances d'été commencent. Son sac à dos est prêt : quelques T-shirts, deux pantalons, une jupe et un maillot de bain pour aller nager à la mer. Il est 7 h 30 et le TGV pour Morlaix part dans cinq minutes. Gwen voyage toute seule. Elle a l'habitude : depuis deux ans elle va chez sa grand-mère en Bretagne. Ses parents restent à Paris. Son père est énervé parce qu'il est en retard pour aller travailler. Sa mère est inquiète :

– Tu as ton téléphone portable, hein ma chérie ? Tu téléphones quand tu arrives.

Enfin, le signal sonore annonce la fermeture des portes.

un sac à dos : on met des vêtements ou les affaires de classe dedans, et on porte le sac sur son dos.

être en retard : le cours de français commence à 10 h. Si tu arrives après 10 h, tu es en retard.

Gwen agite la main :

– Salut papa ! Salut maman !

Puis elle regarde sur son billet le numéro de sa place. C'est le dix-huit, près de la fenêtre. Sa voisine est une vieille dame. Elle est déjà assise.

– Bonjour madame.

– Bonjour mademoiselle.

– Ma place est ici, dit Gwen.

Le voyage dure trois heures quarante-cinq. Gwen sort de son sac son magazine préféré *Nous les filles*, et met son baladeur sur les oreilles. Puis, elle s'endort…

***

Une voix réveille Gwen : « Mesdames et messieurs, nous arrivons dans quelques minutes. N'oubliez pas vos bagages dans le train. Merci et bonne journée ». Dans la gare, un haut-parleur donne des informations aux voyageurs. Gwen descend sur le quai. Elle regarde à droite puis à gauche : sa grand-mère n'est pas là. Les autres passagers partent avec leur famille ou leurs copains. Maintenant elle est seule sur le quai.

> une voisine : la personne à côté.
>
> un haut-parleur : on utilise un haut-parleur dans les gares ou les aéroports pour parler aux voyageurs.
>
> un quai : dans une gare, les voyageurs marchent sur un quai pour monter ou descendre du train.

Gwen sort de son sac son magazine préféré Nous les filles,
et met son baladeur sur les oreilles.

– Mamie est en retard, pense la jeune fille.

Elle sort son téléphone portable de son sac à dos pour appeler sa mère. Soudain :

– Ohé, Gwen !

Au bout du quai, sa grand-mère agite son sac à main. Elle arrive enfin :

– Bonjour ma chérie !

– Ça va mamie ?

Elle serre Gwen très fort dans ses bras et fait deux gros bisous sur ses joues. Maintenant Gwen a deux belles traces rouges sur les joues.

– Je nettoie ça tout de suite ! dit-elle. Et elle sort un **mouchoir en papier** de sa poche.

Il faut dire que la grand-mère de Gwen n'est pas une grand-mère ordinaire : elle est un peu originale. Elle s'habille toujours en noir et elle **teint ses cheveux** de couleur noire. Elle a la peau blanche comme du lait. Et elle met toujours du rouge à lèvres très rouge. Les voisins appellent la grand-mère de Gwen la *groac'h* ; ça veut dire la **sorcière** en breton. Elle habite dans le centre ville de Carhaix, dans une grande maison typique, avec des murs en pierres et un toit en ardoises. Gwen dit que cette

---

un mouchoir en papier : un kleenex.

teindre ses cheveux : changer la couleur de ses cheveux.

une sorcière : dans les livres, une sorcière est souvent une vieille femme, habillée en noir et elle fait de la magie.

Je nettoie ça tout de suite !

grande maison ressemble à un château hanté parce qu'il y a des toiles d'araignée dans les chambres.

– Allez, ma chérie ! Ducat attend à la maison.

Ducat, c'est un gros chat noir avec de beaux yeux verts. Il ressemble à une panthère avec ses longues griffes !

un château hanté : une très grande maison où il y a des fantômes et des bruits bizarres.

une toile d'araignée : une araignée est un insecte avec huit pattes et habite dans une toile. Les gens ont souvent peur des araignées.

une panthère : c'est un animal sauvage. Il ressemble à un grand chat, et vit en Afrique et en Asie.

une griffe : un chat a des griffes au bout des pattes. Ce sont ses ongles.

Gwen met son sac à dos dans le coffre et rentre dans la voiture.

– Il fait chaud ici ! dit-elle. Et elle ouvre la fenêtre. Pourquoi tu n'achètes pas une voiture avec la clim' ?

Mamie rit et démarre la voiture. Gwen et sa grand-mère roulent dans la campagne et bavardent. Quand elles arrivent dans le centre ville de Carhaix, des policiers font la circulation . Des voitures klaxonnent …

– Qu'est-ce qui se passe ici ? demande Gwen.

– C'est le vol.

– Quel vol ?

– Eh ben, le vol à la bijouterie !

---

un coffre : dans une voiture, on ouvre et on ferme le coffre à l'arrière pour mettre des choses dedans.

la clim' : on utilise la clim' (= climatisation) dans une voiture ou dans une maison pour avoir moins chaud.

démarrer : partir.

faire la circulation : des policiers sont au milieu de la route et ils font des signes avec les mains aux voitures.

klaxonner : quand les gens sont énervés dans leur voiture, ils klaxonnent et ça fait beaucoup de bruit.

1. Choisis la bonne réponse.

a. Gwen a *douze – treize – quatorze ans.*

b. Gwen vit *à Morlaix – à Paris – à Carhaix.*

c. Mamie est *la grand-mère – la mère – la voisine de Gwen.*

d. Mamie s'habille toujours *en blanc – en rouge – en noir.*

e. Gwen et Mamie vont *à Carhaix en bus – en voiture – en train.*

2. Vrai ou faux ?

	V	F
a. Gwen part en vacances en Bretagne.	☐	☐
b. Un TGV est un train.	☐	☐
c. Mamie est à l'heure à la gare de Morlaix.	☐	☐
d. Ducat est un gros chat noir.	☐	☐
e. Il y a un vol à la libraire.	☐	☐

3. Remets l'histoire dans l'ordre.

a. Gwen met son sac à dos dans le coffre de la voiture.

b. Mamie arrive en retard à la gare.

c. Elle sort de son sac son magazine préféré.

d. Gwen et sa grand-mère arrivent à Carhaix.

e. Le TGV arrive à Morlaix.

f. Gwen prend le train à 7 heures 30.

g. Elle embrasse Gwen.

RRRRR

Le grand-mère de Gwen, c'est la reine de la galette bretonne.

Chapitre 2

Vol à la bijouterie

Quand elles arrivent enfin à la maison, il est midi. C'est l'heure de déjeuner.

– Qu'est-ce qu'on mange ? demande Gwen, je meurs de faim !

– Devine !

– Des galettes bretonnes !

La grand-mère de Gwen, c'est la reine de la galette bretonne.

– Bravo, bonne réponse. Et la pâte est prête.

– Dis-moi mamie, comment tu fais la pâte ?

– C'est facile. Je mets un demi kilo de farine, un peu de sel et de l'eau.

– Et du beurre ?

– Non, pas de beurre.

– Tu ajoutes des œufs ?

– Oui, je casse deux œufs et surtout je mélange bien.

mélanger : pour faire un gâteau, on mélange de la farine, du sucre et des œufs avec une cuillère.

Quand Gwen mange des galettes chez mamie, c'est comme au restaurant : elle peut choisir le menu. Mamie demande :

– Mademoiselle, qu'est ce que vous commandez ?

– Une galette avec du jambon, du fromage râpé, beaucoup de fromage râpé et un œuf dessus, s'il vous plaît madame !

Et toutes les deux rient aux éclats. Pendant qu'elles préparent le déjeuner...

– Tu racontes l'histoire du vol à la bijouterie ? demande Gwen.

– Quelle heure est-il ?

– Il est midi et demie, répond Gwen. Pourquoi tu demandes ça ?

– Parce que c'est l'heure des infos régionales.

Gwen va dans le salon. Elle est assise sur le canapé et allume la télé avec la télécommande.

– C'est sur quelle chaîne ? crie-t-elle à sa grand-mère.

– Sur la troisième.

«... vol spectaculaire ce matin à Carhaix. Voici notre reportage.»

rire aux éclats : rire très fort.

les infos régionales : les informations données par la télévision ou la radio dans chaque région française.

une chaîne : un programme. Tu peux regarder TV5, une chaîne française internationale.

un reportage : quand un journaliste parle à la télé, il fait un reportage.

Elle est assise sur le canapé et allume la télé avec la télécommande.

– Mamie, tu as raison, ils parlent du vol à la télé !

Et un journaliste raconte, micro en main :

«Ce matin, c'est le jour du marché. Il y a beaucoup de monde dans le centre ville. Il est environ 10 h quand une femme rentre dans la bijouterie. Elle est habillée tout en noir et porte peut-être une perruque. Elle a des lunettes

micro en main : un chanteur tient un micro dans sa main pour chanter.

un marché : c'est un endroit où on va acheter des fruits, des légumes…

environ : il est 9 h 50 = il est environ 10 h.

une perruque : ce sont de faux cheveux.

noires comme les stars d'Hollywood. Elle est très calme et sort un revolver de son sac à main. Les clients présents sont terrorisés. La femme montre du doigt une vitrine pleine de beaux bijoux et ordonne au bijoutier :

– Je veux ces diamants !

Le bijoutier donne les diamants à la femme en noir. Puis elle sort très vite de la boutique et part sur une moto. Quand la police arrive, la voleuse est déjà loin. Nous sommes maintenant avec l'inspecteur Le Grand du commissariat de Carhaix. Qu'est-ce que vous pouvez dire sur ce vol monsieur l'inspecteur ?

– Nous commençons notre enquête et nous avons un portrait robot.

– Qui recherchez-vous monsieur l'inspecteur ?

– Nous recherchons une femme.

– Et vous avez des informations sur les diamants ?

– Ce sont deux gros diamants très chers.

– Est-ce que vous avez des pistes ?

– Non.

– Je vous remercie inspecteur Le Grand...»

Gwen éteint la télévision et va dans la cuisine.

– Tu entends mamie, la police recherche la mystérieuse voleuse de diamants : une femme habillée tout en noir,

une moto : une moto a deux roues et un moteur. On est assis dessus pour rouler.

Les clients présents sont terrorisés.

avec des cheveux noirs. Dis-moi mamie, qu'est-ce que tu fais le jeudi matin à 10 h : tu vas au marché ou à la bijouterie ? demande-t-elle avec un grand sourire malicieux.

– Ma chérie, est-ce que je suis une sorcière ?

Gwen rit :

– Euh... c'est ce que disent tes voisins...

– Et une sorcière n'a pas de moto, mais un balai !

Mamie a beaucoup d'humour...

> malicieux : moqueur.
> un balai : c'est un instrument pour nettoyer par terre.
> avoir beaucoup d'humour : aimer rire, dire des choses drôles.

1. Réponds aux questions.

a. À quelle heure Gwen et Mamie arrivent-elles à la maison ?

b. Que mangent-elles pour le déjeuner ?

c. Qu'est-ce que Gwen regarde à la télé ?

d. Qui le journaliste interviewe-t-il ?

e. Combien y a-t-il de diamants volés ?

2. Complète le résumé du chapitre avec les phrases dans le désordre.

Elles arrivent chez mamie à midi. ... Mamie donne la recette pour faire cette pâte. ... C'est l'heure des informations régionales sur la troisième chaîne. ... Et elle allume la télé. ... Un journaliste raconte le vol des diamants à la bijouterie. ... La police recherche une femme. ... Elle va dans la cuisine et rit avec sa grand-mère.

a. Il est midi et demie.

b. Gwen éteint la télévision.

c. La pâte pour les galettes bretonnes est prête.

d. Puis il interviewe l'inspecteur Le Grand.

e. Il y a un reportage.

f. Gwen va dans le salon.

Chapitre 3

La rencontre

Nous sommes vendredi après-midi.

– Gwen, je vais en ville. Tu viens avec moi ? demande mamie.

– Bonne idée ! Et moi, je vais chez le disquaire.

– Ah oui, chez le disquaire ?

– Pour acheter le dernier CD de *Jazzy*. Tu sais, c'est mon groupe préféré.

Comme il fait très beau, elles partent à pied. Quand elles arrivent devant le magasin, mamie regarde sa montre.

– Il est 3 h. Rendez-vous ici dans une heure, d'accord ? Après on va au salon de thé.

un **rendez-vous** : si tu as rendez-vous à 10 h chez le médecin, tu dois être présent à 10 h chez le médecin.

– D'accord, répond Gwen. À tout à l'heure !

Il y a beaucoup de touristes à Carhaix parce qu'il y a le festival des Vieilles Charrues ce week-end. C'est un festival de musique. Des chanteurs français et étrangers viennent chanter du rock, du reggae, du hip hop, de la musique populaire et folklorique. Il y a aussi plein de voitures de police. Les policiers sont sur les dents : ils recherchent toujours la mystérieuse voleuse de diamants…

Gwen arrive chez le disquaire. Dans le magasin, il y a beaucoup de monde et des milliers de CD. Elle trouve le dernier disque de *Jazzy* : il coûte 18 euros. Gwen va à la caisse pour payer. Elle bouscule une jeune fille blonde bouclée avec des tâches de rousseurs.

– Excuse-moi, dit Gwen.

– Ce n'est pas grave, répond l'adolescente.

Elle porte un T-shirt avec le visage de Chloë imprimé dessus. Chloë, c'est la chanteuse du groupe *Jazzy*.

– Il est super ton T-shirt ! Tu es fan de *Jazzy* ? demande Gwen.

– Ben oui, je suis fan… je m'appelle Mélanie, mais tout le monde m'appelle Mèl .

– Moi, c'est Gwen.

---

plein de : beaucoup de.

être sur les dents : être inquiet parce qu'on a beaucoup de choses à faire.

toujours : encore

des milliers de : un très grand nombre.

bousculer : pousser.

Elle porte un T-shirt avec le visage de Chloë imprimé dessus.

– Tu as quel âge ?

– J'ai 14 ans.

– Moi aussi ! Et tu habites à Carhaix ?

– Non, j'habite à Paris. Mais je suis en vacances chez ma grand-mère.

– Moi, je pars en vacances le mois prochain à la mer. Si tu veux, on peut être amies. Tu sais, je joue de la guitare. Et toi ?

– J'aime bien la musique aussi : ma mère est violoniste. Et j'adore la photo.

C'est vrai, Gwen a souvent son appareil photo autour du cou.

– Et demain soir qu'est-ce que tu fais ?

– Euh… rien !

– Alors on va ensemble au concert de *Jazzy* !

– Mais… je n'ai pas de billet !

– Pas de problème, j'ai des billets **gratuits** ! Mon père travaille pour le festival.

– C'est génial ! Oui… mais on est trop jeunes pour aller seules au concert.

– Mon frère vient aussi. Il a 18 ans.

Gwen regarde sa montre. Il est quatre heures moins cinq.

■ gratuit : quand on ne paie pas.

C'est vrai, Gwen a souvent son appareil photo autour du cou.

– Nous avons rendez-vous dans cinq minutes. Je demande la permission à ma grand-mère.

– On prend mon scooter ? demande Mélanie.

– D'accord.

Quand elles arrivent devant le magasin, la grand-mère de Gwen attend.

– Ohé mamie, crie-t-elle. Et elle descend du scooter. Voici Mélanie, ma nouvelle amie. Est-ce que je peux aller

| **demander la permission** : Gwen demande à sa grand-mère si elle peut aller au concert.

au concert de *Jazzy* avec Mélanie et son grand frère ? C'est demain soir.

– Ben… oui, bien sûr.

– Oh merci mamie ! dit Gwen et elle embrasse sa grand-mère.

– Rendez-vous à 18 heures, à l'entrée du festival, dit Mélanie. À demain.

– Salut Mèl !

Et Mélanie part sur son scooter. Gwen et sa grand-mère traversent la rue pour aller au salon de thé. Pendant que mamie boit sa tasse de thé, Gwen **sirote** un soda glacé et rêve au concert…

■ siroter : boire

1. Dis si ces phrases sont vraies ou fausses, et explique.

a. Gwen et sa grand-mère vont ensemble chez le disquaire.

b. Gwen achète un CD.

c. La chanteuse du groupe *Jazzy* s'appelle Mélanie.

d. La nouvelle amie de Gwen a une moto.

2. Trouve les phrases équivalentes.

a. ___ Ce n'est pas grave.

b. ___ Il est super ton T-shirt ! Tu es fan de *Jazzy* ?

c. ___ C'est génial ! Oui... mais on est trop jeunes pour aller seules au concert.

1. C'est une bonne idée ! Mais on a 14 ans et quelqu'un doit venir avec nous au concert.

2. Ce n'est pas important.

3. J'adore ton T-shirt ! Tu écoutes le groupe *Jazzy* ?

3. Corrige les erreurs du texte.

Gwen va chez le bijoutier. Elle bouscule une femme : elle s'appelle Chloë. Elle porte un T-shirt avec le visage de son chanteur préféré imprimé dessus. Elle a 12 ans et elle joue du violon. Elle invite Gwen au concert parce que sa mère travaille pour le festival des Vieilles Charrues.

Gwen est à l'heure au rendez-vous.

Chapitre 4

Au concert

Il est 18 h. Gwen est à l'heure au rendez-vous. Mélanie et son frère arrivent en moto. Elle enlève son casque.

– C'est Yann, mon frère.

– Bonjour Yann, dit Gwen.

– Salut ! répond-il. Les filles, je mets la moto au parking. À tout de suite.

– D'accord. On attend, répond sa sœur.

Et Yann part dans un nuage de poussière .

– Dis donc Mèl, il est mignon ton frère, dit Gwen. Et elle rougit un peu.

– Ouais… mais il a déjà une petite amie. Et puis il est trop vieux pour toi ! répond-elle.

Et les deux amies rient.

---

dans un nuage de poussière : quand il roule avec la moto, il y a beaucoup de poussière.

mignon : beau, charmant.

Le concert de *Jazzy* commence dans trois heures, mais il y a déjà des centaines de fans présents pour applaudir Chloë. Il y a des agents de sécurité partout.

— Les filles, vous voulez manger un sandwich ?

— Excellente idée ! répondent les deux adolescentes.

Tous les trois font la queue devant une camionnette où il est écrit « sandwiches – frites ». Enfin c'est leur tour.

— Vous désirez ? demande le vendeur.

— Trois sandwiches au jambon, s'il vous plaît ?

— Et comme boissons ?

— Trois bouteilles d'eau. Il fait chaud et on va chanter toute la soirée !

Yann paie les sandwiches et les boissons.

— Bon concert, les jeunes !

— Merci monsieur, répondent-ils.

Ils mangent avec appétit. Il est 19 h. Il faut attendre deux heures avant le début du concert. Yann est assis par terre et écoute son baladeur. Mélanie lit le dernier numéro de *Top musique,* son magazine préféré, et Gwen prend des photos. Elle téléphone aussi à ses parents avec son portable :

---

applaudir : frapper dans les deux mains.

un agent de sécurité : un gardien. Il travaille dans les parkings, les entreprises… souvent avec un chien.

c'est leur tour : le moment où ils arrivent devant le vendeur pour acheter les sandwiches.

*Tous les trois font la queue devant une camionnette
où il est écrit « sandwiches – frites ».*

– Allô, maman ! Je suis avec ma nouvelle amie Mélanie et son grand frère. On est au festival des Vieilles Charrues. Il y a plein de monde. C'est super… Oui maman, ne t'inquiète pas, je suis prudente. Je rappelle demain pour raconter le concert. Bisous maman.

Et elle raccroche.

– Tu as de la chance Mèl d'avoir un grand frère. Moi je suis fille unique et ma mère est toujours inquiète…

raccrocher : on décroche le téléphone, on parle, puis on raccroche le téléphone à la fin.

– Quel est ton signe ? demande Mélanie le nez dans son magazine.

– Quel signe ?

– Ton signe astrologique !

– Je suis taureau, répond Gwen.

– Comme Chloë ! Tu as de la chance. Est-ce que tu veux connaître ton horoscope pour cet été ?

– Bien sûr !

– Comme ta chanteuse préférée, tu passes de bonnes vacances et tu rencontres de nouveaux amis, tous tes rêves deviennent réalité…

***

Il est 21 h. La nuit tombe. Le public chante et danse. Les musiciens sont là : un guitariste, un batteur et un bassiste. Chloë est superbe dans sa longue robe noire. Elle a de longs cheveux noirs. Elle chante en anglais des chansons rock ou mélancoliques.

– Qu'est-ce qu'elle est belle ! dit Mélanie à Gwen.

Mais elle n'est plus à côté d'elle.

– Yann, Gwen n'est plus là !

Ils regardent partout, un peu inquiets parce qu'ils ne voient pas Gwen…

***

---

un signe astrologique : si tu es né le 21 avril, ton signe astrologique, c'est taureau.

devenir réalité : être vrai.

mélancolique : triste.

Au même moment, Gwen est juste devant la scène pour photographier Chloë.

– Mélanie a raison ; j'ai de la chance ! pense-t-elle.

Elle prend une photo, puis une deuxième. Soudain une grosse main attrappe son appareil...

Soudain un grosse main attrape son appareil.

1. Place les événements sur l'axe chronologique.

1. 18 heures, ___
2. 19 heures, ___
3. 21 heures, ___
4. Au même moment, ___
5. Dix minutes plus tard, ___
6. Un peu plus tard, ___

a. Le concert de *Jazzy* commence.
b. Un agent de sécurité arrête Gwen et téléphone au commissariat.
c. Gwen, Mélanie et Yann arrivent au festival des Vieilles Charrues.
d. Gwen photographie sa chanteuse préférée.
e. Les trois jeunes mangent un sandwich au jambon.
f. Gwen court dans la foule.

2. Qui fait quoi ? Relie.

● prend des photos.

a. Gwen ●   ● écoute son baladeur.

● lit l'horoscope.

b. Mélanie ●   ● téléphone à ses parents.

● met sa moto au parking.

c. Yann ●   ● lit son magazine préféré.

● écoute l'horoscope.

Chapitre 5

La poursuite

Aaah ! crie-t-elle. Des fans bousculent Gwen. Ouf ! son appareil est toujours autour de son cou. Elle entend une voix crier :

– Elle est là-bas !

Gwen regarde derrière elle. C'est incroyable ! Ce sont les trois musiciens de *Jazzy*. Ils ont l'air très méchant. Gwen ne comprend pas : c'est vrai que les stars n'aiment pas les photographes, mais Chloë est une chanteuse très sympa. Maintenant Gwen a très peur :

– Je dois partir d'ici, pense-t-elle.

Et elle court dans la foule :

– Pardon… je veux passer, s'il vous plaît…

Heureusement qu'elle fait du sport au collège ! Gwen met dix minutes pour sortir de la foule. Elle est hors d'haleine :

■ être hors d'haleine : être fatigué quand on court longtemps.

– Vite mon téléphone ! Je dois appeler mamie, pense-t-elle.

Elle sort son téléphone portable de la poche de son pantalon. Il fait nuit maintenant. Elle tremble de peur :

– Allô mamie ! chuchote-t-elle.

– Gwen ? Qu'est-ce qui se passe ?

– Ils sont à ma poursuite...

– Qui ?

– Les musiciens.

– Quels musiciens ?

– Les musiciens de Chloë.

– Qui est Chloë ?

Gwen est énervée et parle plus fort :

– C'est la chanteuse du groupe *Jazzy* ! Mamie, j'ai peur viens tout de suite !

– Où es-tu ?

– À côté de la sortie. Il y a des camions de pompiers ; je suis cachée derrière.

– D'accord, tu attends, j'arrive...

Mais Gwen n'écoute pas la fin de la phrase.

– J'entends parler quelqu'un, dit une voix.

– Où ? demande une autre voix.

être à la **poursuite** : courir derrière.

Il y a des camions de pompiers ; je suis cachée derrière.

– C'est par là, derrière les camions.

Quelle horreur ! les musiciens sont là. Elle raccroche très vite et range son téléphone dans sa poche. Elle réfléchit :

– Je ne peux pas rester ici parce qu'ils sont toujours à ma poursuite. Je dois partir très vite.

Et elle court vers la sortie du festival…

***

Un **géant** arrête l'adolescente : c'est un agent de sécurité. Son chien est assis à ses pieds. Les deux petits yeux noirs de l'animal regardent Gwen ; il a l'air gentil.

– Où vas-tu ? demande l'agent de sécurité.
Gwen doit lever la tête pour parler.

– Je rentre chez moi, répond-elle avec un grand sourire.

– Pourquoi tu cours ?

– Parce que… heu…

– Montre-moi ton billet !

– Oui monsieur, tout de suite.

Gwen cherche dans toutes les poches de son pantalon. Mais il n'y a pas de billet…

– Mon amie Mélanie a les billets.

– Et elle est où ton amie ?

██ **un géant** : une personne très grande.

– Elle est au concert de *Jazzy*, avec Yann son grand frère.

L'agent de sécurité ne croit pas ce que dit Gwen.

– Quel âge as-tu ? demande-t-il.

– J'ai 14 ans.

– Tu as 14 ans, tu vas au festival sans billet et tu rentres chez toi toute seule dans la nuit. Où sont tes parents ?

– Ils sont à Paris.

– À Paris ? Tu te moques de moi ?

Gwen doit lever la tête pour parler.

– Non, non monsieur. Gwen commence à pleurer un peu. Je… je suis en vacances ici, chez ma grand-mère.

L'agent de sécurité sort un téléphone portable de la poche de sa chemise :

– Allô, le commissariat...

2. Vrai ou faux ? V F

a. Les musiciens poursuivent Gwen. ☐ ☐

b. Les musiciens ont l'air gentil. ☐ ☐

c. Gwen téléphone à sa mère. ☐ ☐

d. Gwen est cachée derrière des voitures de police. ☐ ☐

e. L'agent de sécurité a un chien. ☐ ☐

2. À ton avis.

a. Pourquoi l'agent de sécurité ne croit pas Gwen ?

b. Pourquoi l'agent de sécurité téléphone au commissariat ?

3. Corrige les erreurs du texte.

Gwen n'a plus son appareil autour du cou. Chloë est à sa poursuite. Gwen marche pour sortir de la foule. Puis elle appelle Mélanie avec son portable. Un policier arrête Gwen et téléphone à ses parents.

4. Complète les phrases avec :

où – là-bas – ici – derrière – à côté

a. Gwen entend une voix crier : « Elle est .... ».

b. Gwen est cachée .... les camions de pompiers.

c. Les camions de pompiers sont .... de la sortie du festival.

d. Gwen réfléchit : « Je ne peux pas rester .... parce que les musiciens sont à ma poursuite ».

e. « .... sont tes parents ? », demande l'agent de sécurité.

Et surtout, il porte de grosses bretelles.

Chapitre 6

L'interrogatoire

– Comment t'appelles-tu ?

– Gwen.

– Et quel âge as-tu Gwen ?

– 14 ans, répond-elle. Pourquoi tout le monde pose les mêmes questions ? pense-t-elle.

L'homme assis devant Gwen, c'est l'inspecteur Le Grand, l'inspecteur de la télé. Il a les cheveux gris et des petites lunettes sur le bout du nez. Et surtout il porte de grosses bretelles : ça fait beaucoup rire Gwen. Il a l'air sympathique. L'inspecteur interroge l'adolescente.

– Gwen, je ne comprends pas pourquoi tu es ici. Est-ce que tu peux raconter ton histoire ?

– Oui monsieur. Voilà, il est 18 h et nous sommes tous les trois au rendez-vous.

– Tous les trois ? interroge l'inspecteur.

– Oui. Mon amie Mélanie, son grand frère Yann et moi.

— Ensuite…

— Nous mangeons un sandwich et nous attendons le début du concert.

— Quel concert ?

— Le concert de *Jazzy* !

— *Jazzy* ? demande-t-il. Il faut dire que l'inspecteur écoute de la musique classique.

— C'est mon groupe préféré.

— Ah, bien. Et puis…

— Le concert commence, je vais devant la scène, je prends des photos de Chloë la chanteuse et…

— Et ?

— Soudain ses musiciens sont à ma poursuite, et…

— Un agent de sécurité demande ton billet, mais tu n'as pas de billet, dit-il avec un sourire malicieux.

— Non, non monsieur l'inspecteur, **vous faites erreur** !

— Ah oui ?

Et elle raconte à l'inspecteur Le Grand la fin de son histoire.

— Et ça ? demande-t-il. Il montre du doigt l'objet autour du cou de Gwen.

— C'est mon appareil photo. C'est un **numérique**. Il est tout neuf.

vous faites erreur : ce n'est pas vrai.
un numérique : un appareil photo sans pellicule.

Il montre du doigt l'objet autour du cou de Gwen.

– Et tu prends de belles photos ?

– Avec cet appareil, toutes les photos sont belles, répond Gwen. Assise dans le bureau de l'inspecteur, elle n'a plus peur. Et cet inspecteur est vraiment très sympa.

– Est-ce que je peux voir tes photos ?

– Euh… oui, bien sûr.

L'inspecteur Le Grand décroche son téléphone :

– Dupin, tu peux venir dans mon bureau ?

Une minute plus tard, quelqu'un frappe à la porte.

– Entre Dupin !

Il donne l'appareil photo à Dupin :

– Tu imprimes ces photos, s'il te plaît. Tu as cinq minutes…

Cinq minutes plus tard, Dupin est de retour. L'inspecteur regarde les photos, puis il regarde Gwen, ses lunettes toujours sur le bout du nez. Et avec un grand sourire :

– Mes félicitations Gwen !

Elle ne comprend pas et regarde l'inspecteur avec des yeux ronds.

– Regarde ! dit-il. Et il montre les photos à Gwen.

Ce qu'elle voit est incroyable. Chloë chante, micro en main, dans sa superbe longue robe noire. Elle porte des boucles d'oreilles : deux très gros diamants brillent sous les lumières.

L'inspecteur Le Grand est très content :

– Grâce à toi, je connais la coupable du vol à la bijouterie.

Gwen comprend tout maintenant. Mais c'est horrible, Chloë est une voleuse…

***

– Gwen, il est l'heure de te lever !

– Hein ? répond-elle encore un peu endormie.

Mamie ouvre les **volets** de la chambre. Dehors, le temps est superbe.

---

un volet : le soir, on ferme les volets des fenêtres et il fait très noir dans la maison.

Elle porte des boucles d'oreilles : deux très gros diamants brillent sous les lumières.

– Où suis-je ? demande Gwen.

– Dans ton lit ! Allez, le petit déjeuner est prêt.

– Quel jour sommes-nous ?

– Samedi, ma chérie. Et ce soir tu vas au concert.

– Au concert ? Oh, quel horrible cauchemar…

Et puis elle demande :

– Dis-moi mamie, est-ce que les rêves deviennent parfois réalité ?

– Mais non ma chérie, les rêves restent des rêves.

Les vacances commencent bien…

■ un cauchemar : un rêve où on a peur.

COMPRENDRE

1. Forme des phrases.

a. Gwen   interroge   son histoire à l'inspecteur Le Grand.

b. L'inspecteur
Le Grand   connaît   les photos de Gwen.

c. Gwen   imprime   la coupable du vol grâce à Gwen.

d. Dupin   est assise   l'adolescente.

e. L'inspecteur
Le Grand   raconte   dans le bureau de l'inspecteur.

2. Choisis la bonne réponse.

a. Gwen est *au marché – au commissariat – au festival.*

b. L'inspecteur Le Grand porte *un chapeau – une veste – des bretelles.*

c. Gwen raconte son histoire *à Dupin – à l'inspecteur Le Grand – à Yann.*

d. Sur les photos, Chloë porte *des boucles d'oreilles – des lunettes – un T-shirt.*

e. L'inspecteur Le Grand est *très triste – très inquiet – très content.*

f. Mamie ouvre *la porte – les volets – les rideaux de la chambre.*

3. Écris la phrase correspondante dans le texte.

a. L'inspecteur est une personne sympathique.

= ....

b. Bravo Gwen ! = ...

c. C'est terrible. = ...

1. Imagine...

Raconte le "vrai" concert de *Jazzy* pour Gwen, Mélanie et Yann.

2. À ton avis...

Pourquoi la couleur noire est très importante dans cette histoire ?

3. Réfléchis...

L'inspecteur Le Grand doit continuer son enquête : pourquoi est-ce difficile de trouver la mystérieuse voleuse ?

4. Opinions...

● Est-ce que cette histoire est une histoire policière ? Pourquoi ?

● Quels genres d'histoires aimes-tu lire ?

● Quel est ton livre préféré ?

● Est-ce que tu reçois des livres pour ton anniversaire ? Est-ce que tu aimes aller à la bibliothèque ? Pourquoi ?

CORRIGÉS

2. a. un objet - b. des bijoux - c. un visage - d. un lieu - e. un vendeur - f. un policier
g. un magasin - h. une coupable - i. des questions - j. des pistes. •

1. a. quatorze - b. à Paris - c. la grand-mère - d. en noir - e. en voiture.
2. a. vrai - b. vrai - c. faux - d. vrai - e. faux.
3. f-c-e-b-g-a-d.

1. a. à 12 heures/à midi - b. des galettes bretonnes - c. les infos régionales/la 3e chaîne-
d. l'inspecteur Le Grand - e. deux.
2. c-a-f-e-d-b.

1. a. faux, Gwen va seule chez le disquaire - b. vrai, elle achète le dernier CD de Jazzy-
c. faux, elle s'appelle Chloé - d. faux, elle a un scooter.
2. a. 3 - b. 1 - c. 2.
3. Gwen va chez le disquaire. Elle bouscule une jeune fille : elle s'appelle Mélanie. Elle
porte un T-shirt avec le visage de sa chanteuse préférée imprimé dessus. Elle a 14 ans
et elle joue de la guitare. Elle invite Gwen au concert parce que son père travaille pour
le festival des Vieilles Charrues.

1. 1. c - 2. e - 3. a - 4. d - 5. f - 6. b.
2. a. prend des photos/téléphone à ses parents/écoute l'horoscope - b. lit son magazine préféré/lit l'horoscope - c. met sa moto au parking/écoute son baladeur.

1. a. vrai - b. faux - c. faux - d. faux - e. vrai.
2. a. parce qu'il pense que Gwen ment et qu'elle n'a pas de billet pour aller au concert-
b. parce que Gwen doit être ramenée chez sa grand-mère (elle est mineure/seule dans
la nuit/sans billet).
3. Gwen a toujours son appareil autour du cou. Les musiciens sont à sa poursuite.
Gwen court pour sortir de la foule. Puis elle appelle sa grand-mère avec son portable.
Un agent de sécurité arrête Gwen et téléphone au commissariat.
4. a. là-bas - b. derrière - c. à côté - d. ici - e. où.

1. a. Gwen est assise dans le bureau de l'inspecteur - b. L'inspecteur Le grand interroge
l'adolescente - c. Gwen raconte son histoire à l'inspecteur Le Grand - d. Dupin imprime
les photos de Gwen - e. L'inspecteur Le Grand connaît la coupable grâce à Gwen.
2. a. au commissariat - b. des bretelles - c. à l'inspecteur Le Grand - d. des boucles
d'oreilles - e. très content - f. les volets.
3. a. Il a l'air sympathique/sympa - b. Mes félicitations Gwen ! - c. C'est horrible.

N° d'éditeur : 10168760 - Mars 2010
Imprimé en France par CPI France Quercy - n° 00425b